Annie und Fritz
machen einen Ausflug

Folge deinen Träumen!

Bücher sind
Schokolade für die Seele.
Sie machen nicht dick.
Man muss nach dem Lesen
nicht die Zähne putzen.
Sie sind leise. Man kann sie
überallhin mitnehmen,
und das ohne Reisepass.
Bücher haben aber
auch einen Nachteil:
Selbst das dickste Buch hat
eine letzte Seite, und
man braucht wieder
ein neues.

Martina Mair

Annie und Fritz machen einen Ausflug

Text bearbeitet von
Sabine von Bülow

Middelhauve

Annie und Fritz wollen einen Ausflug machen. „Da muss man an viele Sachen denken", sagt Annie. Sie schreibt eine lange Liste.

Zwei Bananen, Milch, eine Kerze – Fritz hat alles in den Rucksack gepackt. Im Garten pflücken sie einen Apfel. Den packt Fritz auch noch ein.

Annie schnallt sich den Rucksack um. Dann machen sie sich auf den Weg. „Pfeif mal ein Lied", sagt Annie zu Fritz.

Nach einer Weile kommen sie an einen Bach.
„Ich bin eine Seiltänzerin", sagt Annie und breitet
die Arme aus. Vorsichtig balancieren sie ans
andere Ufer.

Annie möchte um die Wette laufen. Wie der Blitz rennt sie den Berg hinunter. Aber Fritz ist schneller. Er muss auch keinen Rucksack tragen.

Nun geht es wieder bergauf. „Bergab, bergauf", singt Annie. Aber dann ist sie still. Immer nur bergauf – das strengt an.

Als sie oben ankommen, fällt Annie einfach um – plumps. So müde ist sie. Und Fritz legt sich daneben.

Auf einmal fängt Fritz' Magen an zu knurren.
Da wachen sie auf. „Zeit für ein Picknick", sagt
Annie. Auch sie hat Riesenhunger.

Auf dem Rückweg pflücken sie Blumen. Fritz pflückt eine für Annie. Weil sie seine Freundin ist.

Dann fängt es an zu regnen. „Oje", sagt Annie zu Fritz. „Ich habe meine Jacke vergessen."

Da flattert Fritz ein wenig mit den Flügeln und erhebt sich in die Luft. Nun hat Annie einen Regenschirm. Es ist gut, einen Freund zu haben, denkt sie. Vor allem, wenn es regnet.

Jetzt sind Annie und Fritz fast zu Hause. „Du kannst wieder runterkommen", sagt Annie. Denn der Regen hat aufgehört. Da sehen sie Papa. Er wartet schon auf sie.

Annie und Fritz hocken unter einer warmen Decke. Mama bringt ihnen heißen Kakao. „Das tut gut", sagt Annie. Fritz klappt den Schnabel auf und gleich wieder zu. Er ist zu müde, um etwas zu sagen.

Die Deutsche Bibliothek – CIP-Einheitsaufnahme

Mair, Martina:
Annie und Fritz machen einen Ausflug / Martina Mair.
Text bearb. von Sabine von Bülow. –
München : Middelhauve, 1999
(Middelhauve-Kinderbibliothek)
ISBN 3-7876-9553-2

1. Auflage 1.–6. Tausend

Middelhauve® Kinderbibliothek
© Copyright 1999 Middelhauve Verlags GmbH, D-81675 München
Alle Rechte vorbehalten, auch die des auszugsweisen Abdrucks,
gleich welcher Medien

gesetzt aus der Bembo Aes 18/26 Punkt
gedruckt auf 150 g 1,2 fach Vol. Schleipen Fly 02
Lithos: scan & dtp Dorfmeister, München
Druck: Cuno Druck Calbe, Calbe/Saale
Bindung: Kunst- und Verlagsbuchbinderei, Leipzig

ISBN 3-7876-9553-2

Wir danken unseren Partnern und Lieferanten!

Martina Mair

wurde 1971 in Freising bei München geboren. Nach der mittleren Reife absolvierte sie die Grafik-Design-Schule in München und besuchte Illustratorenseminare an der Münchener Akademie der Künste und der Hamburger Sommerakademie bei Friedrich Karl Wächter. Sie illustriert Bilder- und Kinderbücher und arbeitet als Grafikerin für Zeitschriften und in der Werbung.

Für den *tabu verlag* hat sie bereits die Erzählung *Elli Randelli und Tina Lu – oder was mit Bildern bei Vollmond geschieht* von Horst Hensel illustriert.

Folge deinen Träumen!

Lies dir die Welt mit der Middelhauve-Kinderbibliothek!

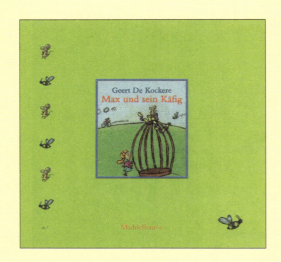

Ein Käfig mit nichts darin

Max bekommt zum Geburtstag einen Käfig. Was soll ich mit einem Käfig?, denkt er. Der Käfig ist groß und leer. Ob er einen Hund hineinsetzen kann? Aber alle Hunde laufen weg. Und auch die Mäuse, Kaninchen und Grashüpfer, der Berg und das Meer wollen nicht in den Käfig. Da klettert Max selbst hinein ...

Ein poetisches Bilderbuch

Geert De Kockere
Max und sein Käfig
Mit Bildern von Wibke Brandes
Aus dem Niederländischen
von Sabine von Bülow
lam. Pappband, 32 Seiten
ISBN 3-7876-9559-1

ab 5 Jahren

Dein Buchhändler zeigt dir den Weg in das Land, wo die Worte lächeln und die Bilder träumen.